El dingo

Grace Hansen

Abdo Kids Jumbo es una subdivisión de Abdo Kids
abdobooks.com

Published by Abdo Kids, a division of ABDO, P.O. Box 398166, Minneapolis, Minnesota 55439.

Printed in the United States of America, North Mankato, Minnesota.

102019

012020

Spanish Translator: Maria Puchol

Photo Credits: Alamy, Animals Animals, iStock, Minden Pictures, Shutterstock

Production Contributors: Teddy Borth, Jennie Forsberg, Grace Hansen
Design Contributors: Dorothy Toth, Pakou Moua

Library of Congress Control Number: 2019943939

Publisher's Cataloging-in-Publication Data

Names: Hansen, Grace, author.

Title: El dingo/ by Grace Hansen

Other title: Dingo. Spanish

Description: Minneapolis, Minnesota : Abdo Kids, 2020. | Series: Animales de Australia

Identifiers: ISBN 9781098200817 (lib.bdg.) | ISBN 9781098201791 (ebook)

Subjects: LCSH: Dingo--Juvenile literature. | Wild dogs--Juvenile literature. | Animals--Australia--Juvenile literature. | Spanish language materials--Juvenile literature.

Classification: DDC 599.772--dc23

Contenido

Los dingos

Los dingos son perros **salvajes**.

Viven por toda Australia.

Los dingos pueden sobrevivir en diferentes hábitats. Pueden vivir en muchas zonas diferentes, desde zonas **tropicales**, a desiertos o zonas **alpinas**.

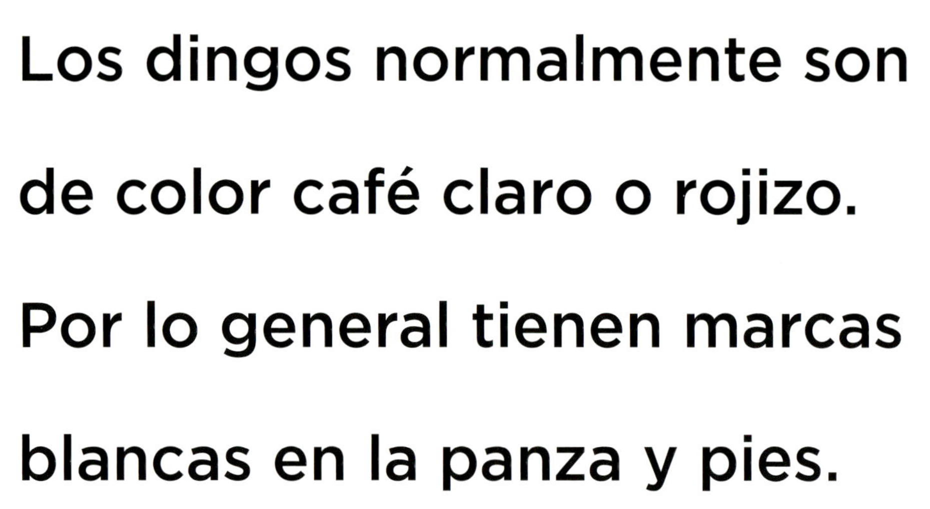

Los dingos normalmente son de color café claro o rojizo. Por lo general tienen marcas blancas en la panza y pies.

La cola de los dingos es **frondosa**. Sus orejas son grandes y puntiagudas.

Estos perros **salvajes** son pequeños y flacos. No miden más de 4 pies (1.22 m) de largo y pueden pesar hasta 33 libras (14.97 kg).

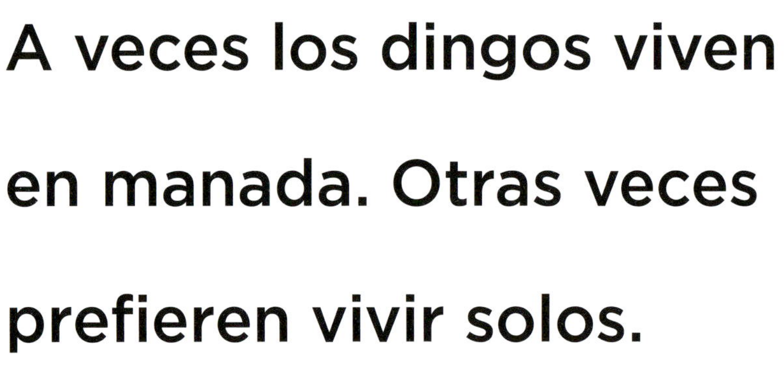

A veces los dingos viven en manada. Otras veces prefieren vivir solos.

Caza y alimentación

Los dingos suelen cazar temprano en la mañana o al anochecer. Normalmente comen **presas** de tamaño pequeño o mediano. A veces comen frutas y plantas también.

Cachorros de dingo

Las **hembras** de dingo generalmente tienen cachorros una vez al año. Pueden tener hasta 10 cachorros cada vez. Se quedan en la madriguera hasta que son lo suficientemente grandes.

La manada ayuda a cuidar de los cachorros. Los cachorros se quedan en la manada como máximo un año. ¡Luego pueden unirse a otra manada!

Más datos

- La mayoría de los dingos australianos son pelirrojos o de color tierra.
- Los dingos **salvajes** pueden vivir hasta 10 años.
- Los dingos macho son más grandes que las **hembras**. Los machos pesan entre 26 y 43 libras (11.8-19.5 kg). Las hembras pesan de 21 a 35 libras (9.5-15.9 kg).

Glosario

alpino – relativo a la alta montaña.

frondoso – espeso y peludo.

hembra – animal que puede producir huevos o tener crías.

presa – animal cazado y comido por otro animal.

salvaje – que vive en estado natural sin domar.

tropical – región que nunca recibe heladas y con temperaturas lo suficientemente altas para que la vegetación crezca todo el año.

Índice

¡Visita nuestra página **abdokids.com** para tener acceso a juegos, manualidades, videos y mucho más!

Usa este código Abdo Kids

ADK5427

¡o escanea este código QR!